28 Novembre 1905

marqué PN

VENTE

Du Mardi 28 Novembre 1905

HOTEL DROUOT, SALLE N° 10

A DEUX HEURES

EXPOSITION PUBLIQUE

Le Lundi 27 Novembre 1905

DE 2 HEURES A 5 H. 1/2

OBJETS D'ART

Porcelaines et Faïences Anciennes

BRONZES D'AMEUBLEMENT

SCULPTURES – TABLEAUX

MEUBLES, ÉTOFFES, OBJETS DIVERS

*Appartenant à Mme la Ctesse Gudmund de L****

COMMISSAIRE-PRISEUR

Me LAIR-DUBREUIL

6, rue de Hanovre

EXPERTS

MM. PAULME & B. LASQUIN FILS

10, rue Chauchat | 12, rue Laffitte

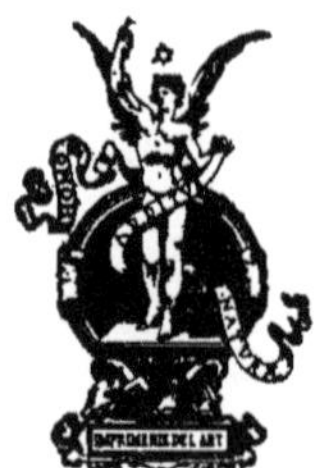

CATALOGUE

DES

OBJETS D'ART

PRINCIPALEMENT DU XVIIIe SIÈCLE

PORCELAINES ET FAIENCES ANCIENNES

DE CHINE, SAXE, SÈVRES, SCEAUX ET AUTRES

BRONZES D'AMEUBLEMENT — PENDULES

IMPORTANTS CANDÉLABRES LOUIS XVI

Bronzes de la Chine et du Japon

SCULPTURES ANCIENNES

EN BOIS, IVOIRE, TERRE CUITE, PIERRE, MARBRE, BRONZE

MEUBLES ANCIENS — ÉTOFFES — TABLEAUX

Objets Divers

*Appartenant à Mme la Ctesse Gudmund de L****

ET DONT LA VENTE, PAR SUITE DE DÉPART, AURA LIEU

HOTEL DROUOT, SALLE N° 10

LE MARDI 28 NOVEMBRE 1905

à deux heures

COMMISSAIRE-PRISEUR

Me F. LAIR-DUBREUIL

6, rue de Hanovre

EXPERTS

MM. PAULME & B. LASQUIN FILS

10, rue Chauchat | 12, rue Laffitte

EXPOSITION PUBLIQUE

Le Lundi 27 Novembre 1905, de 2 heures à 5 h. 1/2

CONDITIONS DE LA VENTE

Elle sera faite au comptant.

Les acquéreurs paieront *dix pour cent* en sus des enchères.

L'exposition mettant le public à même de se rendre compte de l'état et de la nature des objets, il ne sera admis aucune réclamation, une fois l'adjudication prononcée.

Paris. — Imp. de l'Art, E. Moreau et Cie, 41, rue de la Victoire.

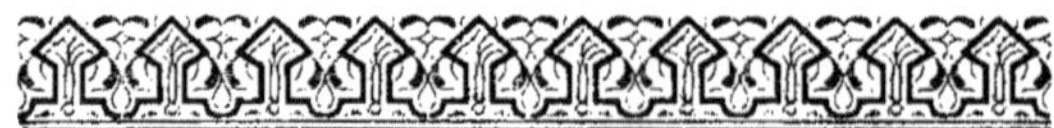

DÉSIGNATION

PORCELAINES ANCIENNES

DE CHINE, DE SAXE, SÈVRES ET AUTRES

FAIENCES DE SCEAUX

1 — Potiche en porcelaine laquée et burgautée, à fond noir. Monture en bronze doré de style Louis XVI.

2 — Deux petits bouddahs en ancien céladon de Chine, émaillé bleu turquoise.

3 — Enfant monté sur un bœuf en grès émaillé de la Chine.

4 — Deux bols en ancienne porcelaine de Chine, de la famille rose, décorés extérieurement sur fond noir de fleurs en émaux de couleur et de trois réserves blanches en forme de feuilles, agrémentées de rochers, de fleurs et de coqs ; intérieurement, dans le fond, branchages fleuris, et dans le haut bordure rose à carrelages et petites réserves à fleurettes. Époque Kien-Long. Terrasses en bronze ciselé et doré de style Louis XV.

5 — Figurine d'homme grotesque en ancienne porcelaine tendre de Chelsea.

6 — Statuette en ancienne porcelaine de Frankenthal : Danseuse.

7 — Écrin en maroquin avec fers dorés, renfermant une assiette, une tasse à café, une tasse à thé, deux soucoupes en ancienne porcelaine de Venise (?) ; plus un gobelet en cristal avec armoirie gravée. XVIIIe siècle.

8 — Beurrier de forme ovale, avec son couvercle à bord imitant la vannerie, en ancienne porcelaine de Louisbourg. Décor à petits paysages avec figures et fleurettes. Le bouton formé de légumes décorés au naturel.

9 — Petit drageoir en ancienne porcelaine de Mennecy-Villeroi, orné sur le dessous d'une écrevisse et sur le couvercle de fleurs en relief et en couleur.

10 — Cinq assiettes à bords contournés en ancienne porcelaine de Sèvres, pâte tendre, décorées au centre d'un bouquet de fleurs sur fond blanc. Le marli offre sur fond vert orné de dorures trois réserves avec gerbes de fleurs.

11 — Jardinière à deux compartiments en ancienne porcelaine tendre de Sèvres, décorée à la partie supérieure, sur fond bleu rehaussé d'or, de quatre réserves à fleurs et laurier ; à la partie inférieure, cordon de perles simulées sur fond vert.

12 — Paire de grands cachepots à deux anses en ancienne porcelaine de Sèvres, pâte tendre, décorés à la partie supérieure d'une large bordure à fond vert, avec fleurettes en couleur sur réserve blanche : au centre de cette bordure, sur chaque face, médaillon avec pensée, encadré de perles sur fond bleu. A la partie inférieure, même bande bleue avec cordon de perles.

13 — Soupière ronde à quatre pieds et deux anses, avec son couvercle surmonté d'un artichaud en ancienne porcelaine de Sèvres, pâte tendre. Décor analogue à celui des pièces précédentes.

14 — Grand bol ou saladier en ancienne porcelaine tendre de Sèvres. Décor analogue.

15 — Sucrier à poudre, avec plateau adhérent et couvercle, de même porcelaine et même décor.

16 — Saucière à deux anses, de même porcelaine et de même décor.

17 — Porte-huilier avec supports de burettes ajourés, de même porcelaine et de même décor.

18 — Deux petits pots à crème avec couvercles, de même porcelaine et même décor.

19 — Petit pot à sorbet à anse, de même porcelaine et même décor.

20 — Six assiettes plates et deux assiettes creuses, de même porcelaine et même décor.

21 — Sucrier à poudre avec plateau adhérent et couvercle, en ancienne porcelaine de Sèvres, pâte tendre, décoré de bouquets de fleurs en couleur, filet bleu et bordure d'or.

22 — Tasse droite et sa soucoupe en ancienne porcelaine tendre de Sèvres, décor analogue au service de la Du Barry, avec vases bleus fleuris, guirlandes de fleurs et lauriers.

23 — Tasse droite et sa soucoupe en ancienne porcelaine de Sèvres, pâte tendre, décorée de bandes verticales avec petites roses sur fond bleu, rayures dorées et chutes de fleurs sur fond blanc. La soucoupe présente un décor semblable au marli et dans le fond un bouquet de roses.

24 — Tasse, dite trembleuse, avec son présentoir, en ancienne porcelaine tendre de Sèvres, décorée sur fond gros-bleu, caillouté d'or, de médaillons en réserves avec oiseaux exotiques dans des paysages.

25 — Tasse couverte et son présentoir en ancienne porcelaine de Sèvres, pâte tendre, décorée sur fond gros-bleu vermiculé d'or, de réserves avec oiseaux exotiques dans des paysages.

26 — Vase brûle-parfum à couvercle en ancienne porcelaine de Sèvres, pâte tendre, à fond bleu, monture à deux anses à mufles de lions, collerette ajourée et piédouche en bronze ciselé et doré. Époque Louis XVI.

27 — Deux vasques en porcelaine de Saxe, décorées dans le goût japonais d'un lambrequin à compartiments et de branchages fleuris.

28 — Douze assiettes en ancienne porcelaine de Saxe à pâte gaufrée imitant la vannerie et marli ajouré avec quatre médaillons à motifs fleuris en couleur. Au centre, branche de fleurs.

29 — Paire de petites coupes de forme polygonale, en ancienne porcelaine de Saxe, à décor coréen de branchages fleuris sur chaque face et bordure intérieure formant rinceau. Monture à quatre pieds en bronze doré et ciselé. Époque Louis XVI.

30 — Statuette en ancienne porcelaine de Saxe : le Joueur de cornemuse.

31 — Statuette en ancienne porcelaine de Saxe : Joueuse de vielle.

32 — Statuette en ancienne porcelaine de Saxe : Joueur de guitare.

32 *bis* — Deux statuettes en ancienne porcelaine de Saxe : Singes musiciens.

33 — Groupe de trois figures en ancienne porcelaine de Saxe : le Marchand de bijoux.

34 — Bol en ancienne porcelaine de Saxe, décoré intérieurement et extérieurement de médaillons encadrés d'arabesques, à sujets de marines avec nombreux personnages.

35 — Cinq tasses de forme polylobée (dont deux en ancienne porcelaine tendre de Vincennes) et leurs soucoupes en ancienne porcelaine de Saxe, à décor de gerbes de fleurs et d'insectes.

36 — Deux petits plateaux de forme carrée à pans coupés, à bord relevé imitant la vannerie, en ancienne porcelaine de Saxe, décorés dans le goût coréen de branchages fleuris.

37 — Cafetière avec couvercle en ancienne porcelaine de Saxe, décorée de deux médaillons à sujets de paysages, avec figure dans le goût de Watteau, encadrés d'arabesques en dorure, et de fleurs et insectes.

38 — Chocolatière en ancienne porcelaine de Saxe, de décor analogue à celui de la pièce précédente.

39 — Sucrier couvert à trois pieds en ancienne porcelaine de Saxe, entièrement décoré de petites fleurettes en relief. Bouton et pieds simulant des branchages décorés au naturel.

40 — Bourdaloue en ancienne porcelaine de Saxe, imitant la vannerie ; l'anse, surmontée d'un oiseau, se termine de chaque côté par des branchages fleuris en relief décorés au naturel.

41 — Paire de cachepots de forme lobée, à deux anses, en ancienne porcelaine de Saxe, décorée de roseaux et rocailles en relief, de petites scènes de personnages dans des paysages et de fleurettes.

42 — Sucrier en ancienne porcelaine de Saxe, gaufré et décoré de deux médaillons à pastorales, dans le goût de Watteau et de fleurettes.

43 — Crèmier à anse et trois pieds en forme de branchages, bordure gaufrée en relief, en ancienne porcelaine de Saxe, décoré de bouquets de fleurs.

44 — Petit bouillon à deux anses avec son couvercle, en ancienne porcelaine de Saxe, décoré d'ornements en relief, de scènes de paysages avec figures et de fleurettes. Bouton de rose sur le couvercle.

45 — Paires de jardinières porte-bouquets en ancienne faïence de Sceaux-Penthièvre, de forme contournée, finement décorées en couleur et en dorure de petits médaillons avec colombes, rinceaux de fleurs et encadrements d'ornements divers.

OBJETS DIVERS

46 — Peigne en bois sculpté avec ornements ajourés et animaux allégoriques en bas-relief. XVe siècle.

47 — Fourchette en argent et couteau en acier, à manche d'agate, dans une gaine en galuchat. XVIIe siécle.

48 — Bonbonnière ronde en écaille cerclée et piquée d'étoiles d'or ; elle est ornée sur le dessus

d'une miniature ovale, portrait de jeune femme en buste, en corsage décolleté, la chevelure parée d'une coiffe de dentelle avec plumes. Époque Louis XVI.

49 — Canne en écaille, à bec recourbé, incrustée d'or à motifs de pampres de vigne courant sur toute la longueur. xviiie siècle. Gaine ancienne en cuir.

50 — Canne ornée d'une béquille en ancienne porcelaine tendre de Chantilly, en forme de dauphin, décorée d'une figure d'homme en camaïeu et fleurettes en couleur avec la devise : *Console toy avec bacus* (sic). Virole en or avec fleuron, xviiie siècle. Gaine ancienne en cuir.

51 — Porte-moutardier et salière en argent, sur plateau de forme contournée, à décor de coquilles. xviiie siècle.

52 — Moutardier en argent en forme de corbeille ajourée, avec quatre pieds, deux anses et couvercle à charnière. xviiie siècle.

53 — Console-support en bois très finement sculpté et en partie doré ; riche ornementation de moulures, vase fleuri avec rinceaux et animaux. Époque Louis XVI.

54 — Cadre rectangulaire avec intérieur ovale en bois très finement sculpté et enrichi d'ornements divers tels que ruban, festons de fleurs, écoinçons de feuillages, etc. Époque Louis XVI.

55 — Deux cadres ovales en bronze ciselé et doré, ornés à la partie supérieure d'un cartouche armorié et chutes de fleurs; culot à palmes, couronne de roses et ruban. Ils sont renfermés dans des écrins en maroquin doré aux fers avec écusson papal. XVIIIe siècle.

56 — Deux petits cadres en bronze à motifs rocailles; intérieur circulaire. Époque Louis XV.

57 — Miroir avec fronton en bois sculpté et doré. Époque Régence.

BRONZES D'AMEUBLEMENT

PENDULES

BRONZES DE LA CHINE ET DU JAPON

58 — Paire d'importants candélabres à trois lumières. Ils sont formés chacun d'une statuette de femme en bronze patiné, supportant une corne d'abondance d'où s'échappent au milieu de fruits trois branches porte-lumières se terminant en rinceaux avec têtes de coqs; au centre, un ballustre allongé entouré d'un serpent, le tout en bronze ciselé et doré. Socles cylindriques et bases en granit. Époque Louis XVI.

Haut., 1 mètre.

(Une paire de candélabres analogues se voit au Louvre dans la salle du *Mobilier français*.)

59 — Paire de candélabres à trois lumières, formés chacun d'une figure de femme en bronze patiné,

portant un bouquet porte-lumières se terminant en rinceaux. Socles cylindriques en porphyre et bases en bronze doré. Époque Louis XVI.

Haut., 65 cent.

60 — Paire de candélabres à deux lumières, formés chacun d'une figure de femme drapée, en bronze patiné, portant de chaque main un vase d'où s'échappe une branche porte-lumière en bronze ciselé et doré. Socles cylindriques en marbre rouge, ornés sur les fûts d'un bas-relief dans le goût de l'antique, en bronze doré. Époque Louis XVI.

Haut., 55 cent.

61 — Pendule, du temps de Louis XVI, en bronze doré, supportée par quatre pieds en spirale. Socle en marbre blanc agrémenté d'une frise en bronze doré.

62 — Pendule, du temps de Louis XVI, en marbres de couleur. Elle est formée de deux pilastres en marbre, accotés de deux colonnettes-balustres en bronze, supportant le mouvement surmonté d'un vase. Socle agrémenté de petits motifs et d'une frise d'enfants, en bronze ciselé et doré.

63 — Petite pendule, composée d'une figurine d'Arlequin oiseleur, en ancienne porcelaine de Saxe, sur terrasse à rocailles en bronze doré ; derrière la statuette s'élève un arbustre orné de fleurettes en porcelaine, portant le mouvement. Époque Louis XV.

64 — Petit flambeau en bronze doré, formé d'un berceau fait de branchages ornés de fleurettes en porcelaine, abritant une statue de vieillard barbu, en ancienne porcelaine de Saxe. Époque Louis XV.

65 — Flambeau Louis XVI en marbres de couleur et bronzes dorés, formé d'un vase sur un socle.

66 — Deux statuettes de Chinois en bronze, portant un vase formant flambeau. Travail chinois.

67 — Deux flambeaux, formés chacun d'une autruche portant un branchage, en bronze. Chinois.

68 — Paire de petits vases à fleurs en bronze japonais.

69 — Vase-pitong, à deux anses en chimères, décoré de figures et de pagodes en bas-relief. Ancien bronze chinois.

70 — Vase brûle-parfums à trois pieds, à têtes d'éléphants, et couvercle ajouré, en ancien émail cloisonné de Chine.

71 — Jardinière, de forme évasée, à quatre lobes et deux anses formées de chimères. Bronze japonais. Socle en palissandre sculpté.

SCULPTURES ANCIENNES

EN BOIS, IVOIRE, TERRE CUITE, PIERRE, MARBRE, BRONZE, ETC.

72 — Statuette en bois sculpté, figurant St-Nicolas. Travail allemand du xviie siècle.

73 — Quatre figurines en bois sculpté : Les Quatre Saisons. Travail allemand du xviiie siècle.

74 — Christ en ivoire.

75 — Figurine en ivoire sculpté : Sainte Femme. xvie siècle.

76 — Groupe en ivoire sculpté : Pietà. Fin du xvie siècle.

77 — Vierge debout, tenant l'Enfant Jésus, en ivoire sculpté. xviie siècle.

78 — Vierge debout, couronnée, portant l'Enfant Jésus, en pierre sculptée. Fin du xive siècle.

Haut., 90 cent. environ.

79 — Statue figurant *l'Innocence* sous les traits d'une jeune fille nue assise, tenant dans sa main une colombe. Plâtre teinté original : Signé *Chappuy, 1782*.

80 — Cadre en marbre sculpté, formé d'une arcature

encadrée de pilastres supportant une corniche ornementée. Culot à palmette. Renaissance italienne.

81 — Petit buste d'homme, coiffé d'un bonnet de fourrure, en terre cuite du XVIIIe siècle, sur piédouche en bois noir.

82 — Groupe en terre cuite : Faune et bacchante. XVIIIe siècle.

83 — Petit buste de femme, avec draperie, en terre cuite. XVIIIe siècle.

84 — Statuette d'enfant nu debout, jouant de la flûte de pan. Terre cuite du XVIIIe siècle.

85 — Buste d'enfant en terre cuite, attribué à Bouchardon. XVIIIe siècle.

86 — Petit monument en ancienne terre cuite, formé de deux amours debout, pleurant, appuyés sur un socle en fût de colonne cannelée. Signée : *Le Comte 1770*, socle en marbre.

87 — Figurine en bronze dorée : Sainte Magdeleine. XVIIe siècle.

88 — Statuette en bronze patiné : Vénus à la colombe. Socle en marbre. XVIIIe siècle.

89 — Statuette en bronze patiné : Vénus à l'écrevisse. XVIIIe siècle.

ÉTOFFES ANCIENNES

90 — Devant d'autel en ancienne broderie de soies de couleur, à fleurs : encadrement de velours rouge avec frange. Époque Louis XIII.

91 — Garniture de lit, comprenant trois bandes formant le tour du baldaquin, et un encadrement de ciel se rabattant sur les quatre faces intérieures, en broderie de couleur sur satin et velours. XVIIe siècle.

91 *bis* — Lot de damas jaune ancien, environ 36 mètres.

MEUBLES ANCIENS

92 — Console d'encoignure en bois sculpté, à motifs de mascaron, coquilles et feuillages. Dessus de marbre. Époque Régence.

93 — Petite table-bureau en marqueterie de bois de placage, ouvrant à trois tiroirs ; dessus marqueté. Époque Louis XV.

94 — Petit meuble, de forme contournée, en marqueterie de bois de rose sur ses quatre faces ; il ouvre à trois tiroirs, avec tablette d'entrejambe. Dessus de marbre brèche. Époque Louis XV.

95 — Meuble à deux corps ; la partie haute formant vitrine ouvrant à deux portes ; dans la partie inférieure, trois tiroirs et deux portes pleines ; bois peint et laqué dans le goût chinois de sujets en dorure sur fond noir. Travail français du XVIIe siècle.

96 — Meuble-crédence en bois mouluré, sculpté et marqueté, ouvrant à deux portes à la partie inférieure et trois à la partie supérieure, avec nombreux tiroirs. Sur le côté gauche du meuble et faisant corps avec lui se trouve un lavabo avec fontaine en étain formée d'un dauphin. Travail suisse du XVIIe siècle.

TABLEAUX ANCIENS

VAN DYCK (D'après)

97 à 101 — Cinq tableaux anciens du XVIIe siècle.

Portraits de :

La Princesse Marie de Mantoue.

La Duchesse de Longueville.

Madame de Chevreuse.

La Reine d'Angleterre.

La Reine d'Espagne.

Toiles. Haut., 2 mètres ; larg., 1 m. 15 cent. environ.

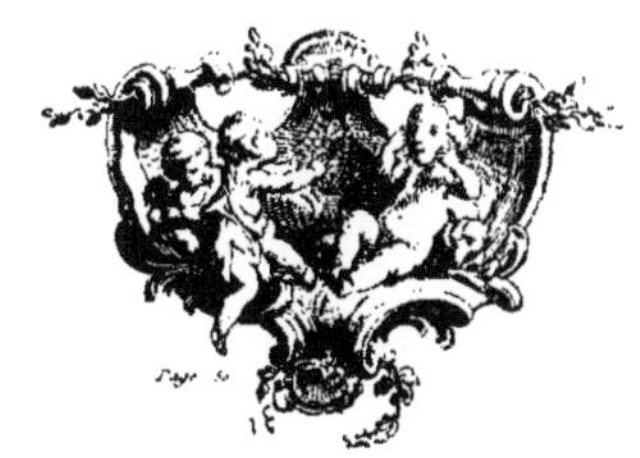

6. uss 150 –
~~32bis les 2 guss~~ 1000 —
~~25 ass~~ —
28 guss —
63. gsel —
64 dsl —
94 ? its —
30 x 31 les 2 its 1300 –
58 rsel —
59 gsel

www.ingramcontent.com/pod-product-compliance
Ingram Content Group UK Ltd.
Pitfield, Milton Keynes, MK11 3LW, UK
UKHW020531180726
13839UKWH00005B/2447

9 782329 502618